Um - Schreibungen

Für M.

Tief wie das Meer

Herstellung und Verlag:
Books on Demand GmbH,
Norderstedt
ISBN: 978-3-8370-8534-1

SEHNEN

wie ein baum

verwurzelt sein
festen Stand haben
einen Ort
der Heimat ist

verwurzelt sein
leben können
bekommen
was es braucht

verwurzelt sein
wachsen können
reifen
Jahr um Jahr

sehnen – hoffen – warten

ich werfe dich
in die nacht hinaus
sehnsucht
und warte
auf antwort

ich hoffe in der nacht
dass du
sehnsucht
mich wach hältst
dass du
sehnsucht
mich weit werden lässt
dass du
sehnsucht
dich erfüllst
- doch niemals ganz

ich warte
und ahne
und hoffe
und sehne
vollendung

klang

ein ton
ein klang
schwingt
in mir

ein ton
ein klang
gesang
in mir

ein ton
ein klang
gesang
aus mir heraus

bricht bahn
sucht raum
wird lied
tönender traum

schön bist du, mutter erde

schön bist du
mutter erde
wenn deine
silberne nachbarin
dich bescheint

schön bist du
mutter erde
wenn du glitzerst
im morgentau

schön bist du
mutter erde
wenn dein atem
der wind
über dich fegt

schön bist du
mutter erde
bekleidet
mit vielen farben
grün

schön bist du
mutter erde
gleißend
im licht
der Mittagssonne

schön bist du
mutter erde
im zarten grün des frühlings
in der reife des sommers
in den farben des herbstes
im grau eines wintertages

schön bist du
mutter erde
in der vielfalt
deiner kinder

schön bist du

novembermond

dein sanftes licht
erhellt die nacht
die wolken ziehn vorbei

die erde legt
zum schlafe sich
der winter naht heran

und deckt sie zu
mit frost und schnee
damit sie ruhen kann

grau sind die tage
stille wird die welt
und kommt zur ruh
dem atemholen gleich

die nächte lang
und werden immer länger
das jahr vergeht
und mit ihm unsere zeit

du leuchtest uns
in diesen dunklen nächten
weist uns den weg
mit deinem lauf

kommen und gehen –
ein spiegel unsres lebens
- doch nach der nacht
beginnt ein neuer tag

dem winter ist schon frühling auf der
spur
und aus der ruhe wächst das neue
leben
und auch du, mondin, wandelst dich
erneut
und wirst zum frühlingsmond
der uns auf neu belebt

mondweg

sternenbekränzte nacht

herzschlag des meeres
rauscht mir zu

silberner spiegel der
mondin zaubert
einen weg auf die
wellen

wohin führst du?

soll ich dich gehen?

werd ich es wagen?

sturmnacht

rauschender wind
jagender sturm
umtost
mein zelt
meine heimstatt
auf zeit

rauschender wind
jagender sturm
umtost
mein herz
schutzlos
und bang

rauschender wind
jagender sturm
reiss es
nicht fort

wind in den segeln
treib mich voran

jage mich
in den tanz der wellen

trage mich hinaus
in die weite meiner sehnsucht

lied für einen delphin

stärke und sanftmut
verbinden sich in dir

anmut ist dein name

freiheit heisst du

und spiel

und würde

wenn traum und wirklichkeit
    dann ineinander zahnen

wenn tag und nacht
    nicht mehr verschieden sind

dann mag es sein,
    dass unser weg folgt neuen
bahnen

auf denen sterne richtung weisen
    und der wind

Lebens(t)raum

gib dem leben raum
träume deinen traum

wage, neue wege zu gehen
blick zurück, um dich zu verstehn

sei laut, sei fröhlich, sei zornig, sei still
acjte auf das, was in dir wachsen will

gib ihm worte, klang, farbe oder ton
lass es wachsen, reifen, sich
entwickeln –

wie es sein wird?
vetraue: du merkst es dann schon

GÖTTIN GOTT

aufhorchen

aufhorchen
aufmerksam werden
für den anruf
zum aufbruch

aufbrechen
das vertraute
zurücklassen

sich ausrichten
auf
den horizont

sich verlassen
auf die
die zum aufbruch ruft

sich ausstrecken
nach dem
was kommt

ahnen:
da ist ein mehr

wissen:
ich muss weiter

erfahren:
du gehst mit

aufbrechen
immer wieder

aufbrechen lernen
ein leben lang

aufbruch

innehalten
den zurückgelegten Weg
in den Blick nehmen
sehen, was war
mich freuen an Geglücktem
trauern um Missglücktes
- alles ansehen
und zurücklassen
über-lassen

nach vorne schauen
den Horizont in den Blick nehmen
und weitergehen
aufbrechen
mich ausstrecken
nach dem, was kommt
mich ausrichten
auf Zukunft hin
mich einlassen
auf Neues

losgehen

ahnen:

ich gehe nicht allein

die zeit ist reif

mach es los
dein boot
stoß ab
vom ufer
nimm
den horizont
in den blick
tief
in deinem inneren
weißt du:
da ist
ein neues ufer
für dich
es ist dir klar:
die zeit
ist reif
lass zurück
was dir
vertraut wurde
brich auf
und vertraue
göttin gott
sitzt mit
in deinem boot

anfang

ich
fange
immer
wieder
neu
an

immer wieder
neu anfangen
weil du
der anfang
von allem
bist

immer wieder
überprüfen
ob ich
noch auf
dem richtigen weg bin

immer wieder
mich
dir
zuwenden

immer wieder
verstehen
dass leben
bewegung ist

immer wieder
neu anfangen
und
bei
jedem
neuanfang
erkennen
dass
neues wird
auch
in mir

immer wieder
aber auch
zurückschrecken
vor neuanfang
verweilen wollen
im vertrauten
aber erkennen
das kann
es nicht sein

immer wieder
neu
vertrauen
dass du
mit aufbrichst

immer wieder
den weg
gehen
der
zum leben
führt

immer wieder
neu
anfangen
nie
anfangen aufzuhören

immer wieder
neu anfangen
weil du
der
ewige
anfang
bist

ferien

die welt erleben
mit allen sinnen
sehen:
es ist sehr gut

atem schöpfen
für leib
und seele
heiliger tag

zeit haben
genießen
staunen
innehalten
neu sehen lernen
ahnen
schöpferische liebe gott

ferienzeit
zeit für sinne
herz
und verstand

ferienzeit
zeit zum
hören

fühlen
schmecken
riechen
sehen:
es ist sehr gut
- trotz allem,
was das leben schwer macht
begreifen:
göttin gott
will leben
in fülle
für alle

mysterium

du
göttin gott
mysterium

je mehr ich
von dir
erahne
erkenne –
desto größer
wird das rätsel

du
bist das rätsel
und die lösung
die frage
und die antwort
der anfang
und das ende

du
göttin
gott

alles steht
und fällt
mit dir

kostbar in deinen augen

gerufen wir
von jeher

erlöst
von anfang an

geliebt
seit anbeginn

kostbar
dir, göttin gott

unfassbar groß
deine liebe zu uns

vertrauend:
nichts trennt uns je
von dir
von deiner liebe

keine leistungen

nur deine sehnsucht
nach unserer liebe

du
ewige liebe

du

überströmend
du
göttin gott
fülle
des lebens
der liebe
überreiches angebot
für mich
und alle
liebe
leben
ohne gegenleistung
geschenk
einfach da
wie verheißen
und
immer wieder
erfüllt
bund
der liebe
immer gültig
und
immer neu
eines nur
erwartest du
von mir:

offen – sein
da – sein
hören
dein wort
ist leben
du selbst
das wort

schönheit und fülle

schönheit und fülle
bist du,
göttin gott
verbirgst dich
in gras und blume
in baum und bach
in schmetterling und hummel
wolken und sonne

und sprichst
dich zugleich
in ihnen aus

schönheit und fülle
bist du,
göttin gott
verborgen im himmel
der sich öffnet
manchmal
für einen blick

schönheit und fülle
bist du,
göttin gott
verborgen in allem

und alles
birgt dich

ursprung aller lebendigkeit

komm, geistin

komm, geistin
durchwehe uns
mit lebensatem
du ursprung der welt

komm, geistin
durchwehe uns
mit frühlinsatem
du kraft des neubeginns

komm, geistin
durchwehe uns
mit hoffnungsatem
du licht in der nacht

komm, geistin
durchwehe uns
mit liebesatem
du quelle des lebens

komm, geistin
durchwehe uns

lydia

lydia
kostbar ist
der purpur
in deinen händen
reichtum

lydia
kostbar ist
die botschaft
aus deinem mund
schatz

frauen
ihr teilt
den purpur
die botschaft
den reichtum
den schatz

wir frauen heute
entdecken neu
die botschaft

teilen
den reichtum
bergen
den schatz

WEIHNACHT

weihnacht –
gesegnete nacht

nacht des wunders:
ein mensch kommt zur welt

nacht des geheimnisses:
im menschen ist gott

heilige nacht –
jede nacht neu

gottesgeburt –
in jedem kind

wort

im anfang: das wort
durch das wort ist alles
durch das wort auch wir –
ins dasein gerufen

das wort – unser leben
das wort – unser licht
das wort – unser heil

leben ins fleisch gekommen
licht in das dunkel hinein
heil in der unheilen welt

das wort im fleisch
greifbar
uns nah
verstehbar
und doch
über alles verstehen hinaus

gestaltgewordene liebe
über allen tod hinaus
das wort
gott selbst
ist mensch
hat ein gesicht
ein kleines kind – weihnacht

mensch-werdung

gott
mensch
gott wird mensch im menschen
gott wird mensch im menschen,
damit der mensch menschlicher wird
gott wird mensch,
damit der mensch zum menschen wird
gott wird mensch im menschen,
damit der mensch göttlich wird
gott wird mensch,
damit der mensch kind gottes wird
gott wird mensch in mir

AUFSTAND

ostern

auferstehung
das heißt
aufstehen vom tod
die leinenbinden
die fesseln zurücklassen
damals in jerusalem
und heute

auch bei uns

aufstand gegen den tod
und die vielen kleinen
und großen tode
in unserem leben
all das
was uns
und andere
am leben hindert

hier
und überall

auch wir
sind zur auferstehung
gerufen
zum aufstand
gegen alles
was uns lähmt
was uns hindert
wirklich lebendig zu sein

auferstehung –
aufstehen
und
den aufstand üben

auferweckung

fort der stein –
fort auch der stein von unseren toten
herzen.
die enge des grabes aufgebrochen –
licht kann herein.
so fällt auch licht in unsere enge.
sonne nach
der dunklen nacht des todes.
die leinenbinden –
fesseln –
fesseln des todes –
noch liegen sie da –
doch sie sind schon gelöst,
sind abgestreift.

auferweckt –
aufgeweckt –
berührt.

aufgestanden
und auf den weg gemacht
nach haus

UM - SCHREIBUNGEN

nach psalm 139

göttin gott,
du kennst mich genau
du weißt um all das,
was in mir vorgeht
du kennst meine sehnsucht
und meine hoffnung,
aber auch meine gleichgültigkeiten
und meine lauheit
wohin ich mich auch verirre
und was ich auch tue –
du lässt mich nicht im stich
du hast mich gewollt,
hast mich in deinem plan vorgesehen
von ewigkeit her
ohne dich wäre ich nicht
ohne dich bin ich nichts
ohne dich ist das leben sinnlos –
du bist der sinn
ohne dich wäre alles hoffnungslos –

du bist die hoffnung
ohne dich wäre es dunkel –
du bist das licht
schaue immer wieder in mich
und sieh,
ob ich auf dem weg bin,
der zu dir führt
wenn ich abirre,
ergreife mich
und leite mich zurück

erfülle mich mit deiner ruach,
dass sie wie eine hand sei,
die die meine fasst

nach psalm 25

du zeigst mir den pfad zum leben
je eigener pfad
kein ausgetretener weg
ihn gehen
heißt
neuland betreten
erspüren
wo es langgeht
nur kurze strecken
überschaubar
aber:
er führt nicht in die irre
ihn gehen
heißt
überraschungen erleben
nie genau wissen
wie es weitergeht
ihn gehen
heißt
vielleicht
manchmal
stehen bleiben
innehalten
sich ausrichten
wachsen lassen
nicht vorwärts stürzen

der pfad zum leben
dein weg
mit mir
göttin gott

nach jesaja 43, 1 – 5a. 7

jetzt, an diesem tag, spricht el – roi,
göttin gott allen lebens:
ich habe dich gewirkt im mutterleib,
dir leben eingehaucht,
dich ins dasein gewollt von jeher
meine liebe begleitet dich von an fang
an,
du brauchst nichts zu fürchten.
ich habe dich bei deinem namen
gerufen,
ich kenne dich wie niemand sonst
mein bist du,
ich habe dich erwählt von ewigkeit her
nichts, was dir begegnet, kann dir im
letzten wirklich schaden,
ich bin immer bei dir,
ich bin ich-bin-da.
ich bin dir göttin gott,
umfange dich und bin dir tiefster
urgrund,
bin deine befreiung und binde dich
zugleich an mich mit fesseln der liebe,
bin deine mitte und dein ziel
du bist mir wertvoll,
ein kostbarer schatz, der sich immer
neu selbst entdeckt

du bist mir lieb wie niemand sonst –
und zugleich wie jede und jeder
einzelne.
die ganze welt gäbe ich für dich,
ja mehr noch: ich selbst gebe mich dir
du, die ich kunstvoll gewirkt habe,
wirst meinem namen ehre machen,
durch dich soll er voll lebendigkeit
wirken

... meine Seele hängt an dir ... (Ps 63, 9)

an dir
hänge ich
meine Seele
mein ganzes Sein
hängt
an dir

ohne dich
hänge ich
in der Luft
über dem Abgrund

nur mit dir
gelingt
Leben

klammern
will ich mich
mit jeder Faser
meines Seins
an dich

wissend
- manchmal nur ahnend –

du hältst
mich
in deiner Rechten

nie
kann ich
tiefer fallen
als
in deine Hand

jes 42, 1 – 4:

seht, das ist mein knecht, den ich
stütze; das ist mein erwählter, an ihm
finde ich gefallen.
ich habe meinen geist auf ihn gelegt,
er bringt den völkern das recht.
er schreit nicht und lärmt nicht und
lässt seine stimme nicht auf der straße
erschallen.
das geknickte rohr zerbricht er nicht,
und den glimmenden docht löscht er
nicht aus; ja, er bringt wirklich das
recht.
er wird nicht müde und bricht nicht
zusammen, bis er auf der erde das
recht begründet hat. auf sein gesetz
warten die inseln.

meditation:

irgendwie anders
sind sie
die erwählten
der göttin gott

sie schützen
die geknickten
und achten
die zarten

sie passen nicht
in diese welt
der
ellenbogen

irgendwie anders
sind sie
die erwählten
der göttin gott

erfüllt sind sie
gestützt
von
göttlicher ruach

sie
lärmen nicht leer
hören
auf das leise

irgendwie anders
sind sie
die erwählten
der göttin gott

ihre maßstäbe
sind nicht so ganz
von dieser welt
lassen mehr erahnen

sie richten sich aus
nach der liebe
nach dir
göttin gott

die liebe als maß
das birgt gefahr
bringt anfeindung
so manches mal

und doch:
es lohnt
es befreit
es schenkt kraft

wenn
die liebe

wenn
du göttin gott
unser maß
aller dinge wirst

irgendwie anders
sind wir
die erwählten
der göttin gott

SOMETIMES

ende der welt

am ende der welt
nur der wind
und das meer

am ende der welt
nur noch
sein

at the end of the world
just the wind
and the sea

at the end of the world
just
be

beauty

a place
like a ray of light
piercing my heart
with it's beauty

bird in the sky

bird in the sky
carry my heart
     to the place of its longing
carry my soul
     to where she needs to be

bird in the sky
take my dreams with you
     to become alive
take my hope with you
     to become fulfilled

bird in the sky
lift my spirit to the stars
take me where i belong

bird in the sky
lend me your wings
let me fly across the sea with you

sometimes

sometimes
there is a sound in me
longing to become
a song

sometimes
there is a step in me
longing to become
a dance

sometimes
there is a dream in me
longing to become
alive

sometimes
there is a hope in me
longing to become
future

sometimes
there is a joy in me
longing to become
my song

the burren

a place to dream
a place to be
a place to rest my weary soul

landscape of stone
and of grass
down to the sea

land so barren
and yet so green
old as time

rolling hills
and heaps of rocks
under a wide and open sky

a place to dream
a place to be
a place to call home

home

standing
    at the edge of the pier
    hearing the voice of the ocean
    beckoning me to come home

knowing
    i have to leave
    returning to my homeland
    that is my heart's exile

dreaming
    that one day I may live
    where my heart is at home
    in a country foreign to me

Über mich:

Jahrgang 1963

gelernte Seelsorgerin,

Erfahrungen in

Hörfunk-, Öffentlichkeits-

und Gleichstellungsarbeit,

Gestaltberaterin,

Irland- und Sprachliebhaberin

Kontakt: um-schreibungen@web.de